상황
일어회화
핸드북

조성범 · 강흥권 지음

正進出版社

목 차

제 1 장

일상생활에 필요한 회화

1 안녕하세요 _ 아침 인사

おはようございます。

오하요 – 고자이마스

시간을 기준하기는 어려우나 보통 오전 중에 하는 인사이다. 친한 사이나 손아랫사람에게는 おはよ^{오하요–}う라고만 한다.

2 안녕하세요 _ 낮 인사

こんにちは。

콘니찌와

이때 は는 조사 は와 마찬가지로 [wa]로 발음한다.

3 안녕하세요 _ 저녁 무렵의 인사

こんばんは。

콤방와

마찬가지로 は를 [wa]로 발음한다.

1 안녕히 계세요. 안녕히 가세요.

さようなら。

사요 – 나라.

さよなら。

사요나라

헤어질 때 하는 가장 일반적인 인사말이다.
이밖에, おげんきで(오겡끼데), じゃ(쟈) また(마따), バイバイ(바이바이) 등도 젊
은 이들 사이에 많이 쓰이는 인사말이다.

2 편히 쉬십시오. 안녕히 주무세요.

おやすみなさい。

오야스미나사이

밤늦게 헤어질 때나 잠자리에 들 때 하는 인사말이다.

3 또 오십시오.

また 来て ください。

마따 키떼 쿠다사이

4 그럼, 또 봐요.

じゃあ、またね。

쟈ー, 마따네

5 내일 또 봐요.

また あした。

마따 아시따

6 또 뵙겠습니다.

また お会いしましょう。

마따 오아이시마쇼 -

7 조심하세요.

元気でね。

겡끼데네

아래 문장은 손윗사람에게 쓰는 표현이다.

お体に お気を つけて ください。

오까라다니 오끼오 츠께떼 쿠다사이

8 안녕히 계십시오.

ごきげんよう。　고끼겡요 -

1 오래간만입니다. 오랜만이군요.

しばらくでした。

시바라꾸데시따

ひさしぶりですね。

히사시부리데스네

おひさしぶりですね。

오히사시부리데스네

2 격조했습니다.

ごぶさたしました。

고부사따시마시따

1 건강하십니까?

お元気ですか。

오겡끼데스까

2 별고 없으십니까?

お変りありませんか。

오까와리아리마셍까

3 덕분에.(잘 있습니다)

おかげさまで。

오까게사마데

4 어떻게 지내십니까?

ご機嫌 いかがですか。

고끼겡 이까가데스까

5 변함 없습니다. 여전합니다.

あいかわらずです。

아이까와라즈데스

6 안부 전해 주십시오.

よろしく お伝えください。

요로시꾸 오쯔따에쿠다사이

よろしく。

요로시꾸

1 ~씨를 소개합니다.

~さんを ご紹介します。

~ 상오 고쇼 – 까이시마스

2 처음 뵙겠습니다.

はじめまして。

하지메마시떼

3 만나서 반갑습니다.

お会いできて うれしいです。

오아이데끼떼 우레시 – 데스

4 저의 이름은 ～라고 합니다.

わたしの 名前は ～と 申します。

와따시노 나마에와 ～또 모－시마스

5 한국에서 왔습니다.

韓国から 来ました。

캉꼬꾸까라 키마시따

6 잘 부탁드립니다.

どうぞ よろしく お願いします。

도－조 요로시꾸 오네가이시마스

7 저야말로 잘 부탁드립니다.

こちらこそ よろしく。

코찌라꼬소 요로시꾸

1 다녀오겠습니다.

いって きます。

잇떼 키마스

いって まいります。

잇떼 마이리마스

2 다녀오세요.

いって いらっしゃい。

잇떼 이랏샤이

いってらっしゃい。

잇떼랏샤이

3 다녀왔습니다.

ただいま。

타다이마

4 어서 오세요. 어서 오너라. … 맞이할 때

お帰りなさい。

오까에리나사이

おかえり。

오까에리

1 이제 그만 물러가겠습니다.

もう おいとまいたします。

모 - 오이또마이따시마스

2 폐를 끼쳤습니다. 실례했습니다.

おじゃましました。

오쟈마시마시따

3 그럼, 안녕히 가십시오.

では、さようなら。

데와, 사요 - 나라

4 또 들러 주십시오.

また どうぞ。

마따 도 - 조

5 신세졌습니다.

お世話に なりました。
_{せわ}

오세와니 나리마시따

1 자, 드세요.

さあ、どうぞ。

사ー, 도ー조

2 잘 먹겠습니다.

いただきます。

이따다끼마스

3 잘 먹었습니다.

ごちそうさまでした。

고찌소ー사마데시따

ごちそうさま。

4 변변치 못했습니다.

おそまつさまでした。

おそまつさま。

1 (사무실이나 집 문밖에서) 실례합니다.

ごめんください。

고멩쿠다사이

2 (현관이나 집안에 들어서면서) 실례합니다.

しつれいします。

시쯔레 – 시마스

3 ~씨 계십니까?

～さん いらっしゃいますか。

～상 이랏샤이마스까

4 들어오세요.

お<ruby>上<rt>あ</rt></ruby>がりください。

오아가리쿠다사이

5 잘 오셨습니다.

よく いらっしゃいました。

요꾸 이랏샤이마시따

ようこそ。

요 – 꼬소

6 실례 많았습니다.

おじゃましました。

오쟈마시마시따

しつれい
失礼しました。

시쯔레 – 시마시따

7 또 오십시오.

また おいでください。

마따 오이데쿠다사이

1 부탁드립니다. 부탁합니다.

お願いいたします。

오네가이이따시마스

お願いします。

오네가이시마스

2 여쭤보겠습니다.

おたずねいたします。

오따즈네이따시마스

おたずねします。

오따즈네시마스

3 가르쳐 주시겠습니까?

教えて ください ません か。

오시에떼 쿠다사이마셍까

1 여보세요.

もしもし。

모시모시

2 ~씨 댁인가요?

~さんの お宅ですか。

~상노 오따꾸데스까

3 누구시지요?

どちらさまですか。

도찌라사마데스까

4 잠시 기다려 주십시오.

少々 お待ちください。

쇼-쇼-오마찌쿠다사이

5 지금 외출중입니다.

いま 外出中です。

이마 가이슈쯔쮸-데스

いま 出かけて おります。

이마 데까께떼 오리마스

6 메모 좀 부탁합니다.

メモ お願いします。

메모 오네가이시마스

7 ～를 전해주십시오.

～を お伝えください。

～오 오쯔따에쿠다사이

8 다시 전화드리겠습니다.

また お電話します。

마따 오뎅와시마스

9 그럼, 실례하겠습니다.

じゃ、失礼します。

쟈, 시쯔레－시마스

이 표현은, 전화상에서 "이만 전화를 끊겠습니다"
란 뜻이다.

10 잘못 거셨습니다.

いいえ、違います。

이-에, 치가이마스

11 방금(공교롭게도) 자리를 비웠습니다만.

ただいま(あいにく)、

타다이마(아이니꾸)

席を 外して おりますが。

세끼오 하즈시떼 오리마스가

12 죄송합니다. 지금 통화중입니다만.

申し訳ありません。

모-시와께아리마스셍

ただいま <ruby>話<rt>はな</rt></ruby>し<ruby>中<rt>ちゅう</rt></ruby>ですが。

타다이마 하나시쮸 - 데스가

13 기다리게 해서 미안합니다.

お<ruby>待<rt>ま</rt></ruby>たせいたしました。

오마따세이따시마시따

14 무슨 용건이십니까?

<ruby>何<rt>なん</rt></ruby>の ご<ruby>用<rt>よう</rt></ruby>ですか。

난노 고요 - 데스까

15 뭔가 전할 말씀이라도 있으십니까?

何か お伝える ことでも ございますか。

나니까 오쯔따에루 코또데모 고자이마스까

16 연락이 닿는대로 전해드리겠습니다.

連絡が つき次第 お伝えします。

렌라꾸가 츠끼시다이 오쯔따에시마스

17 전화 바꿨습니다.

お電話 かわりました。

오뎅와 카와리마시따

18 조금 후에 찾아뵙겠습니다.

のちほど おじゃまします。

노찌호도 오쟈마시마스

19 야마다 씨에게 전언 부탁합니다.

山田さんに 伝言 お願いします。

야마다산니 뎅공 오네가이시마스

1 지금 몇 시입니까?

今 何時ですか。

이마 난지데스까

2 며칠입니까?

何日ですか。

난니찌데스까

3 무슨 요일입니까?

何曜日ですか。

낭요 – 비데스까

4 이거, 얼마입니까?

これ、いくらですか。

코레, 이꾸라데스까

5 전화번호는 몇 번입니까?

番号は 何番ですか。

방고－와 남반데스까

6 매장은 몇 층입니까?

売り場は 何階ですか。

우리바와 낭가이데스까

제 2 장

감정 표현에 필요한 회화

1 정말로 기뻐.

ほんとうに うれしい。

혼또 - 니 우레시 -

2 아아, 좋아.

ああ、うれしい。

아 -, 우레시 -

3 이렇게 기쁠 수가…

こんなに うれしい ことは ない。

콘나니 우레시 - 코또와 나이

1 아아 슬퍼라.

ああ、悲^{かな}しい。　아ー, 카나시ー

2 불쌍해라.

かわいそうに。　카와이소ー니

3 슬퍼서 어찌할 바를 모르겠어.

悲^{かな}しくて たまらない。

카나시꾸떼 타마라나이

4 슬퍼서 울고 싶을 정도예요.

悲^{かな}しくて 泣^なきたい ほどですね。

카나시꾸떼 나끼따이 호도데스네

1 멋지다. 훌륭하다.

すばらしい。

스바라시 –

2 좋아. (좋아 좋아) 잘 했어.

うまい。

우마이

うまい うまい。

우마이 우마이

3 대단하구나.

えらいねえ。

에라이네 –

4 멋지구나.

すてきだ。

스떼끼다

5 아주 잘 했어.

でかしたぞ。

데까시따조

6 굉장해.

すごいねえ。

스고이네 –

1 글쎄요.

そうですね。

소 – 데스네

2 그렇겠군요.

そうでしょうね。

소 – 데쇼 – 네

3 그럴지도 모르지요.

そうかもしれません。

소 – 까모시레마셍

4 아마 그렇겠지요.

たぶん そうでしょう。

타붕 소-데쇼-

5 그렇다고 생각합니다.

そうだと 思_{おも}います。

소-다또 오모이마스

6 그랬으면 좋겠습니다만.

そうだと いいんですが。

소-다또 이인데스가

1 아이구. 야아.

やあ。 야 –

わあ。 와 –

2 어머(나).

あら。 아라

ああら。 아 – 라

ああ。 아 –

まあ。 마 –

주로 여성들이 사용하는 여성어이다.

3 저런 저런.

あれ あれ。

아레 아레

4 아 이런 참.

これは これは。

코레와 코레와

5 아 그거 참.

それは それは。

소레와 소레와

6 아이구 깜짝이야.

やあ おどろいた。

야 - 오도로이따

7 딱도 해라.

<ruby>お<rt>き</rt>気<rt>どく</rt>の毒な。</ruby>

오끼노도꾸나

8 그거 안됐군요.

それは いけませんね。

소레와 이께마센네

1 그렇군요. 그렇고 말고요.

そうですね。

소 – 데스네

そうですとも。

소 – 데스또모

2 역시 그렇군요.

なるほど。

나루호도

3 정말

まったく。

맛따꾸

4 맞습니다. 그대로입니다.

その とおりです。

소노 토-리데스

5 좋습니다.

けっこうです。

켓꼬-데스

よろしいです。

요로시-데스

6 저도 동감입니다.

わたしも 同感です。

와따시모 도-깐데스

7 저도 그렇게 생각합니다.

わたしも そう 思^{おも}います。

와따시모 소 - 오모이마스

8 물론입니다.

もちろんです。

모찌론데스

9 네, 기꺼이 응하겠습니다.

ええ、よろこんで。

에 -, 요로꼰데

1 괜찮습니다.

いいですよ。

이-데스요

2 상관없습니다.

かまいません。

카마이마셍

3 그렇지 않을 겁니다.

そうじゃ ないでしょう。

소-쟈 나이데쇼-

4 믿어지지 않습니다.

信じられません。

신지라레마셍

5 모르겠습니다.

知りません。

시리마셍

6 저로서는 찬성할 수 없습니다.

わたしとしては 賛成できません。

와따시또시떼와 산세 – 데끼마셍

7 아니오, 틀립니다.

いいえ、違います。

이-에, 치가이마스

8 아니오, 그렇게는 생각하지 않습니다.

いいえ、そうは 思いません。

이-에, 소-와 오모이마셍

1 축하합니다. 축하해.

おめでとうございます。

오메데또 – 고자이마스

おめでとう。

오메데또 –

2 축하드립니다.

お祝い もうしあげます。

오이와이 모 – 시아게마스

3 아주 좋았습니다.

よろしゅうございましたね。

요로슈 – 고자이마시따네

4 잘됐어요. 다행이군.

よかったね。

요깟따네

よかったですね。

요깟따데스네

1 애도의 말씀 드립니다.

おくやみ もうしあげます。

오쿠야미 모ー시아게마스

2 안됐군요.

お気の毒ですね。

오끼노도꾸데스네

1 네? 뭐라구?

えっ。 엣

2 뭐라구요?

なんですって。 난데슷떼

3 다시 한 번 말씀해 주십시오.

もう 一度 言って ください。

모 - 이찌도 잇떼 쿠다사이

4 어떤 의미입니까?

どう いう 意味ですか。

도 - 이우 이미데스까

5 무슨 말씀인지 잘 모르겠습니다.

おっしゃる 意味が わかりません。

옷샤루 이미가 와까리마셍

6 지금 뭐라고 하셨습니까?

今、何と おっしゃったんですか。

이마, 난또 옷샷딴데스까

7 조금 더 천천히 말씀해 주십시오.

もう 少し ゆっくり 言って ください。

모ー 스꼬시 윳꾸리 잇떼 쿠다다이

8 정말입니까?

本当ですか。

혼또 - 데스까

9 일본어는 못합니다.

日本語は 話せません。

니홍고와 하나세마셍

10 잘 알아듣지 못했습니다만.

よく 聞き取れませんが。

요꾸 키끼또레마셍가

1 대단해, 좋아.

すぎいわ、いいわ。

스기-와, 이-와

2 매우 유감입니다.

とても 残念です。

토떼모 잔넨데스

3 매우 슬픕니다.

とても 悲しいです。

토떼모 카나시-데스

4 그것을 들어서 기쁩니다.

それを 聞いて うれしいです。

소레오 키-떼 우레시-데스

5 이제 참을 수 없습니다.

もう 耐えられません。

모-타에라레마셍

6 믿을 수 없다.

信じられない。

신지라레나이

7 맛있다.

美味しい。

오이시 −

8 힘내. 힘내세요.

がんばって。

감밧떼

がんばって ください。

감밧떼 쿠다사이

1 감사합니다. 고맙습니다.

ありがとうございます。

아리가또 – 고자이마스

ありがとう。

아리가또 –

앞에 どうも(도–모)가 첨가되면 더욱 공손한 말이 되고
허물 없는 사이에는 ありがとう(아리가또–)(고마워)라고만
도 한다.

2 여러 가지로 고맙습니다.

いろいろと ありがとうございます。

이로이로또 아리가또 – 고자이마스

3 천만에요.

どういたしまして。

도 – 이따시마시떼

4 저야말로

こちらこそ。

코찌라꼬소

5 여러 가지로 신세 많이 졌습니다.

いろいろと お世話に なりました。

이로이로또 오세와니 나리마시따

1 미안합니다. 죄송합니다.

すみません。

스미마셍

2 미안합니다. 죄송합니다.

ごめんなさい。

고멘나사이

ごめんください。

고멩쿠다사이

친한 사이에는 ごめん(고멩)이라고도 한다.

3 실례합니다. 실례했습니다.

失礼(しつれい)します。

시쯔레 – 시마스

しつれい
失礼しました。

시쯔레-시마시따

4 늦어서 미안합니다.

おく
遅れて すみません。

오꾸레떼 스미마셍

5 걱정하지 마세요.

き
気に しないで ください。

키니 시나이데 쿠다사이

6 오래 기다리게 해서 죄송합니다.

ま
お待たせしました。

오마따세시마시따

お待ちどおさま。

오마찌도-사마

7 잠시만 기다려 주십시오.

少々 お待ちください。

쇼-쇼-오마찌쿠다사이

ちょっと 待って ください。

촛또 맛떼 쿠다사이

제 3 장

건강

1 감기에 걸리다

風邪を ひく　카제오 히꾸

2 열이 있다

熱が ある　네쯔가 아루

3 현기증이 나다

めまいが する　메마이가 스루

4 기침이 나오다

せきが 出る　세끼가 데루

5 구토를 하다

吐気が する 하끼께가 스루

6 재채기하다

くしゃみが 出る 쿠샤미가 데루

7 몸이 나른하다

体が だるい 카라다가 다루이

8 콧물이 나다

鼻水が 出る 하나미즈가 데루

9 머리가 아프다

<ruby>頭<rt>あたま</rt></ruby>が <ruby>痛<rt>いた</rt></ruby>い　아따마가 이따이

10 코가 막히다

<ruby>鼻<rt>はな</rt></ruby>が つまる　하나가 츠마루

11 오한이 들다

<ruby>寒気<rt>さむけ</rt></ruby>が する　사무께가 스루

12 배탈이 나다

おなかが こわす　오나까가 코와스

13 변비가 생기다

便秘を する　벰뻬오 스루

14 상처가 나다 · 상처를 입다

けがを する　케가오 스루

15 구급차를 부르다

救急車を 呼ぶ　큐-뀨-샤오 요부

16 입원하다

入院する　뉴-인스루

17 퇴원하다

退院する   타이인스루

18 수술하다

手術する   슈쥬쯔스루

1 무슨 일이 있었습니까?

どうしましたか。

도 – 시마시따까

2 설사가 그치지 않습니다.

下痢が 止まりません。

게리가 토마리마셍

3 언제부터입니까?

いつごろからですか。

이쯔고로까라데스까

4 2일전부터입니다.

2日前からです。

후쯔까마에까라데스

5 뭔가 상한 것을 먹지 않았습니까?

何か 変な ものを 食べませんでしたか。

나니까 헨나 모노오 타베마센데시따까

6 특별히 먹지 않았을 것입니다.

特に 食べて いない はずです。

토꾸니 타베떼 이나이 하즈데스

7 피곤해서 오는 소화불량일 것입니다.

疲れから きた 消化不良でしょう。

츠까레까라 키따 쇼 - 까후료 - 데쇼 -

8 안심했습니다.

安心しました。

안신시마시따

1 두통이 있습니다만.

頭痛が するのですが。

즈쯔-가 스루노데스가

2 뭔가 효과 좋은 약을 주세요.

何か よく 効く 薬を ください。

나니까 요꾸 키꾸 쿠스리오 쿠다사이

3 열이 있습니까?

熱は ありますか。

네쯔와 아리마스까

4 정상입니다.

正常です。
_{せいじょう}

세 – 죠 – 데스

5 목에 통증은 없습니까?

喉の 痛みは ありませんか。

노도노 이따미와 아리마셍까

6 없습니다.

ありません。

아리마셍

7 이 약이 좋다고 생각합니다.

この 薬<ruby>くすり</ruby>が いいと おもいます。

코노 쿠스리가 이-또 오모이마스

8 그것을 사겠습니다.

それを もらいます。

소레오 모라이마스

1 배가 아픕니다.

おなかが 痛いです。

오나까가 이따이데스

2 몸이 나른합니다.

体が だるいです。

카라다가 다루이데스

3 어제 토했습니다.

きのう 吐きました。

키노 – 하끼마시따

4 목이 아픕니다.

喉が 痛いです。

노도가 이따이데스

5 기침을 합니다.

せきが 出_でます。

세끼가 데마스

6 심장이 두근거립니다.

動悸_{どうき}が します。

도-끼가 시마스

7 이가 아픕니다.

歯_はが 痛_{いた}いです。

하가 이따이데스

8 눈 안에 이물이 들어갔습니다.

目_めの 中_{なか}に 異物_{いぶつ}が 入_{はい}りました。

메노 나까니 이부쯔가 하이리마시따

9 숨이 막힙니다.

息苦しいんです。
<ruby>息苦<rt>いきぐる</rt></ruby>

이끼구루시인데스

10 현기증이 납니다.

めまいが します。

메마이가 시마스

11 식욕이 없습니다.

食欲が ありません。

쇼꾸요꾸가 아리마셍

12 식욕은 있습니다.

しょくよく
食欲は あります。

쇼꾸요꾸와 아리마스

13 벌레에 물렸습니다.

むし　　さ
虫に 刺されました。

무시니 사사레마시따

14 손을 데었습니다.

て
手を やけどしました。

테오 야께도시마시따

手に やけどを しました。

테니 야께도오 시마시따

15 손가락을 베었습니다.

指を 切りました。

유비오 키리마시따

16 발목을 삐었습니다.

足首を 捻挫しました。

아시꾸비오 넨자시마시따

1 진료과목

しんりょうかもく
診療科目　신료 – 카모꾸

2 내과

ない か
内科　나이까

3 소아과

しょうにか
小児科　쇼 – 니까

4 신경과

しんけいか
神経科　신께 – 까

5 정신과

せいしんか
精神科　세 – 싱까

6 외과
外科　　게까

7 정형외과
整形外科　　세 – 께 – 게까

8 산부인과
産婦人科　　상후징까

9 피부과
皮膚科　　히후까

10 비뇨기과
泌尿器科　　히뇨 – 끼까

11 치과

歯科 <ruby>しか</ruby>　시까

12 안과

眼科 <ruby>がん か</ruby>　강까

13 이비인후과

耳鼻咽喉科 <ruby>じ び いんこう か</ruby>　지비잉꼬 – 까

1 머리
あたま
頭 아따마

2 코
はな
鼻 하나

3 눈
め
目 메

4 입
くち
口 쿠찌

5 귀
みみ
耳 미미

6 이
は
歯 하

7 얼굴
かお
顔 카오

8 머리카락
かみ け
髪の毛 카미노께

9 목
くび
首 쿠비

10 가슴
むね 무네

11 손
て
手　테

12 발
あし
足　아시

13 손(발)가락
ゆび
指　유비

제 4 장

쇼핑 · 외식

1 어서오세요.

いらっしゃいませ。

이랏샤이마세

2 무엇을 찾습니까?

何を お探しですか。

나니오 오사가시데스까

3 잠시 보고 있을 뿐입니다.

ちょっと 見て いる だけです。

촛또 미떼 이루 다께데스

4 천천히 보세요.

どうぞ ごゆっくり。

도-조 고윳꾸리

5 이것을 보여 주시겠습니까?

これを 見^みせて いただけますか。

코레오 미세떼 이따다께마스까

6 이 하얀 블라우스요.

この 白^{しろ}い ブラウスですね。

코노 시로이 브라우스데스네

7 입어 봐도 됩니까?

試着しても いいですか。

시챠꾸시떼모 이-데스까

8 물론이지요. 이쪽으로.

もちろんです。こちらに どうぞ。

모찌론데스. 코찌라니 도-조

1 향수 매장은 어디입니까?

香水売り場は どこですか。

코－스이우리바와 도꼬데스까

2 오른쪽 끝입니다.

右手の 奥です。

미기떼노 오꾸데스

3 프랑스 향수를 보여 주세요.

フランスの 香水を 見せて ください。

후란스노 코－스이오 미세떼 쿠다사이

4 이쪽의 상품입니다.

こちらの 商品が そうです。

코찌라노 쇼-힝가 소-데스

5 어느 브랜드가 인기가 있습니까?

どの ブランドに 人気が ありますか。

도노 브란도니 닝끼가 아리마스까

6 면세로 살 수 있습니까?

免税で 買えますか。

멘제-데 카에마스까

7 좀 비싸군요.

ちょっと 高いですね。

춋또 타까이데스네

8 좀 더 싸게 해 주시겠습니까?

もう 少し 安く して くれませんか。

모- 스꼬시 야스꾸 시떼 쿠레마셍까

9 깍아 주시겠습니까?

まけて くださいませんか。

마께떼 쿠다사이마셍까

10 전부 얼마입니까?

全部で おいくらですか。

젬부데 오이꾸라데스까

11 이것이 영수증입니다.

これが 領収書です。

코레가 료-슈-쇼데스

12 만엔 받았습니다.

一万円 お預かりしました。

이찌망엥 오아즈까리시마시따

1 이쪽으로 오세요.

こちらへ どうぞ。

코찌라에 도-조

2 예약을 한 야마다입니다.

予約を して いる 田中です。

요야꾸오 시떼 이루 타나까데스

3 자리로 안내하겠습니다.

お席に ご案内します。

오세끼니 고안나이시마스

4 잠시 기다려 주십시오.

少々 お待ち下さい。

쇼-쇼-오마찌쿠다사이

5 예, 알았습니다.

はい、かしこまりました。

하이, 카시꼬마리마시따

6 맥주 2병 주세요.

ビールを 2本 下さい。

비－루오 니홍 쿠다사이

7 이 가게는 어디에 있습니까?

この 店は どこに ありますか。

코노 미세와 도꼬니 아리마스까

8 차 더 주시겠습니까?

お茶の おかわりを いただけますか。

오쨔노 오까와리오 이따다께마스까

9 계산을 부탁합니다.

<ruby>お勘定<rt>かんじょう</rt></ruby>を <ruby>お願<rt>ねが</rt></ruby>いします。

오깐죠 – 오 오네가이시마스

10 잘 먹었습니다.

ごちそうさまでした。

고찌소 – 사마데시따

1 튀김

天ぷら 템뿌라

2 어묵

おでん 오뎅

3 메밀국수

そば 소바

4 주먹밥

おにぎり 오니기리

5 생선회

さしみ 사시미

11 튀김덮밥

天丼　텐동

12 장어덮밥

うなぎ丼　우나기동

13 소고기덮밥

牛丼　규ー동

제 5 장

관광 · 여행

1 입장료는 얼마입니까?

入場料は いくらですか。

뉴－죠－료－와 이꾸라데스까

2 시간은 어느 정도 걸립니까?

時間は どれくらい かかりますか。

지깡와 도레꾸라이 카까리마스까

3 예약이 필요합니까?

予約が 必要ですか。

요야꾸가 히쯔요－데스까

4 견학 후는 자유시간입니다.

見学の あとは 自由時間です。

켱가꾸노 아또와 지유－지깐데스

5 12시까지 돌아와 주세요.

12 <ruby>時<rt>じ</rt></ruby>までに <ruby>戻<rt>もど</rt></ruby>って ください。

쥬-니지마데니 모돗떼 쿠다사이

6 어디 좋은 선물가게를 아세요?

どこか いい お<ruby>土産屋<rt>みやげや</rt></ruby>さんを ご<ruby>存<rt>ぞん</rt></ruby>じですか。

도꼬까 이-오미야게야상오 고존지데스까

7 관광안내소는 어디에 있습니까?

<ruby>観光案内所<rt>かんこうあんないじょ</rt></ruby>は どこに ありますか。

캉꼬-안나이죠와 도꼬니 아리마스까

8 집합장소는 어디입니까?

<ruby>集合<rt>しゅうごう</rt></ruby>は どこですか。

슈-고-와 도꼬데스까

9 선물가게는 어디입니까?

ギフトショップは どこですか。

기후또숍뿌와 도꼬데스까

10 여기서 사진을 찍어도 됩니까?

ここで 写真を 撮っても いいですか。

코꼬데 샤싱오 톳떼모 이－데스까

1 내 자리는 어디입니까?

私の 席は どこですか。

와따시노 세끼와 도꼬데스까

2 음료는 무엇으로 하겠습니까?

お飲み物は 何が よろしいですか。

오노미모노와 나니가 요로시-데스까

お飲み物は 何に しますか。

오노미모노와 나니니 시마스까

3 커피는 어떻습니까?

コーヒーは いかがですか。

코-히-와 이까가데스까

4 홍차를 주세요.

<ruby>紅茶<rt>こうちゃ</rt></ruby>を ください。

코－쨔오 쿠다사이

5 일본어 신문을 주십시오.

<ruby>日本語<rt>にほんご</rt></ruby>の <ruby>新聞<rt>しんぶん</rt></ruby>を ください。

니홍고노 심붕오 쿠다사이

6 여기는 무엇을 쓰면 됩니까?

ここは <ruby>何<rt>なに</rt></ruby>を <ruby>書<rt>か</rt></ruby>けば いいのですか。

코꼬와 나니오 카께바 이－노데스까

7 잘 먹었습니다, 커피를 주시겠습니까?

ごちそうさま、コーヒーを いただけますか。

고찌소－사마, 코－히－오 이따다께마스까

8 커피를 한 잔 더 주세요.

コーヒーを もう 一杯 ください。

코－히－오 모－ 입빠이 쿠다사이

1 날씨
天気 텡끼

2 일기예보
天気予報 텡끼요호－

3 맑음
晴れ 하레

4 흐림
曇り 쿠모리

5 비
雨 아메

6 눈

ゆき
雪　유끼

7 바람

かぜ
風　카제

8 구름

くも
雲　쿠모

9 안개

きり
霧　키리

10 폭풍우

あらし
嵐　아라시

11 번개

稲光　이나비까리

12 천둥

雷　카미나리

13 우박

雹　효-

14 소나기

にわか雨　니와까아메

夕立　유-다찌

15 이슬

露　츠유

16 아지랑이

靄　모야

17 홍수

洪水　코－즈이

18 비구름

雨雲　아마구모

19 태풍

台風　타이후－

20 고드름

氷柱　<ruby>つらら</ruby>　츠라라

21 추위

寒さ　<ruby>さむ</ruby>　사무사

22 더위

暑さ　<ruby>あつ</ruby>　아쯔사

23 시원함

涼しさ　<ruby>すず</ruby>　스즈시사

24 무더위

蒸し暑さ　<ruby>む　あつ</ruby>　무시아쯔사

25 무지개

にじ
虹　니지

26 습기

しっき
湿気　싯끼

27 기온

きおん
気温　키옹

1 좌석번호
ざ せきばんごう
座席番号　자세끼방고 −

2 통로측 자리
つうろがわせき
通路側席　츠 − 로가와세끼

3 창가 자리
まどがわせき
窓側席　마도가와세끼

4 짐
にもつ
荷物　니모쯔

5 베개

枕 まくら　마꾸라

6 객실승무원

客室乗務員 きゃくしつじょうむいん　캬꾸시쯔죠 – 무잉

7 승객

乗客 じょうきゃく　죠 – 꺄꾸

8 산소마스크

酸素マスク さんそ　산소마스꾸

9 구명동의(구명조끼)

救命胴衣 (きゅうめいどうい)　큐-메-도-이

10 착륙

着陸 (ちゃくりく)　챠꾸리꾸

11 이륙

離陸 (りりく)　리리꾸

12 현지시간

現地時間 (げんちじかん)　겐찌지깡

13 시차

時差 （じ さ）　지사

14 시차병

時差ぼけ （じ さ）　지사보께

15 난기류

乱気流 （らん きりゅう）　랑끼류 −

16 헤드폰

ヘッドホン　헷도홍

17 창문의 차양

窓の 日よけ 마도노 히요께

18 비상구

非常口 히죠 – 구찌

19 (화장실) 사용중

(トイレ) 使用中 (토이레) 시요 – 쮸 –

20 (화장실) 비었음

(トイレ) 空き (토이레) 아끼

21 쓰레기통

ごみ箱（ばこ）　고미바꼬

22 기내식

機内食（きないしょく）　키나이쇼꾸

23 기내판매

機内販売（きないはんばい）　키나이함바이

24 면세품

免税品（めんぜいひん）　멘제-힝

25 항공권

こうくうけん
航空券　코-꾸-껭

26 기장

きちょう
機長　키쬬-

27 편명

びんめい
便名　빔메-

제 6 장

여러 가지 조수사 표현

0_ ゼロ 제로
れい 레-

1_ いち 이찌

2_ に 니

3_ さん 상

4_ よん 용
し 시

5_ ご 고

6_ ろく 로꾸

7_ しち 시찌
なな 나나

8_ はち 하찌

9_ きゅう 큐-
く 쿠

10_ じゅう 쥬-

11_ じゅういち
쥬-이찌

12_ じゅうに
쥬-니

13_ じゅうさん
쥬－상

14_ じゅうよん
쥬－용

じゅうし
쥬－시

15_ じゅうご
쥬－고

16_ じゅうろく
쥬－로꾸

17_ じゅうしち
쥬－시찌

じゅうなな
쥬－나나

18_ じゅうはち
쥬－하찌

19_ じゅうきゅう
쥬－큐－

じゅうく
쥬－꾸

20_ にじゅう
니쥬－

30_ さんじゅう
산쥬－

40_ よんじゅう
욘쥬－

50_ ごじゅう
고쥬－

60_ **ろくじゅう**
로꾸쥬 –

70_ **ななじゅう**
나나쥬 –

80_ **はちじゅう**
하찌쥬 –

90_ **きゅうじゅう**
큐–쥬–

100_ **ひゃく**
햐꾸

1000_ **せん**
셍

10000_ **いちまん**
이찌망

1時

いちじ 　이찌지

2時

にじ 　니지

3時

さんじ 　산지

4時

よじ 　요지

5時

ごじ 　고지

6時

ろくじ 　로꾸지

7時

しちじ 　시찌지

8時

はちじ 　하찌지

9時

くじ 　쿠지

10時

じゅうじ 　쥬-지

| 11時 | 3分 |
| じゅういちじ 쥬-이찌지 | さんぷん 삼뿡 |

| 12時 | 4分 |
| じゅうにじ 쥬-니지 | よんぷん 욘뿡 |

| 何時 | 5分 |
| なんじ 난지 | ごふん 고훙 |

| 分 | 6分 |
| | ろっぷん 롭뿡 |

1分	
いっぷん 입뿡	7分
	ななふん 나나훙

| 2分 | |
| にふん 니훙 | |

8分
はっぷん　　합뿡

9分
きゅうふん　　큐-훙

10分
じっぷん・じゅっぷん

집뿡·쥽뿡

11分
じゅういっぷん

쥬-입뿡

12分
じゅうにふん　　쥬-니훙

15分
じゅうごふん　　쥬-고훙

20分
にじっぷん　　니집뿡

25分
にじゅうごふん　니쥬-고훙

30分
さんじっぷん　　산집뿡

35分
さんじゅうごふん

산쥬 – 고훙

40分
よんじっぷん　　욘집뿡

45分
よんじゅうごふん

욘쥬 – 고훙

50分
ごじっぷん　　고집뿡

55分
ごじゅうごふん

고쥬 – 고훙

60分
ろくじっぷん　　로꾸집뿡

何分
なんぷん　　남뿡

●일요일

日曜日 _ にちようび

니찌요-비

●월요일

月曜日 _ げつようび

게쯔요-비

●화요일

火曜日 _ かようび

카요-비

●수요일

水曜日 _ すいようび

스이요-비

●목요일

木曜日 _ もくようび

모꾸요-비

●금요일

金曜日 _ きんようび

킹요-비

●토요일

土曜日 _ どようび

도요-비

●무슨 요일

何曜日 _ なんようび

낭요-비

㋈ 月

1月

いちがつ　이찌가쯔

2月

にがつ　니가쯔

3月

さんがつ　상가쯔

4月

しがつ　시가쯔

5月

ごがつ　고가쯔

6月

ろくがつ　로꾸가쯔

7月

しちがつ　시찌가쯔

8月

はちがつ　하찌가쯔

9月

くがつ　쿠가쯔

10月

じゅうがつ　쥬ー가쯔

11月
いちがつ　쥬－이찌가쯔

12月
じゅうにがつ

쥬－니가쯔

何月
なんがつ　낭가쯔

日

1日
ついたち   츠이따찌

2日
ふつか   후쯔까

3日
みっか   밋까

4日
よっか   욧까

5日
いつか   이쯔까

6日
むいか   무이까

7日
なのか   나노까

8日
ようか   요ー까

9日
ここのか   코꼬노까

10日
とおか   토ー까

11日

じゅういちにち

쥬－이찌니찌

12日

じゅうににち

쥬－니니찌

13日

じゅうさんにち

쥬－산니찌

14日

じゅうよっか

쥬－욧까

15日

じゅうごにち

쥬－고니찌

16日

じゅうろくにち

쥬－로꾸니찌

17日

じゅうしちにち

쥬－시찌니찌

18日

じゅうはちにち

쥬－하찌니찌

19日
じゅくにち　　쥬-쿠니찌

20日
はつか　　하쯔까

21日
にじゅういちにち
니쥬-이찌니찌

22日
にじゅうににち
니쥬-니니찌

23日
にじゅうさんにち
니쥬-산니찌

24日
にじゅうよっか
니쥬-욧까

25日
にじゅうごにち
니쥬-고니찌

26日
にじゅうろくにち
니쥬-로꾸니찌

27 日	31 日
にじゅうしちにち	さんじゅういちにち
니쥬 – 시찌니찌	산쥬 – 이찌니찌
28 日	何日
にじゅうはちにち	なんにち
니쥬 – 하찌니찌	난니찌
29 日	
にじゅうくにち	
니쥬 – 쿠니찌	
30 日	
さんじゅうにち	
산쥬 – 니찌	

- 그저께
  一昨日 _ おととい
  오또또이

- 어제
  昨日 _ きのう
  키노 −

- 오늘
  今日 _ きょう
  쿄 −

- 내일
  明日 _ あした・あす
  아시따・아스

- 모레
  明後日 _ あさって
  아삿떼

- 글피
  明明後日 _ しあさって
  시아삿떼

- 지지난주
  先々週 _
  せんせんしゅう
  센센슈 −

- 지난주
  先週 _ せんしゅう
  센슈 −

- 이번주
今週 _ こんしゅう

  콘슈 –

- 다음주
来週 _ らいしゅう

  라이슈 –

- 다다음주
再来週 _
さらいしゅう

  사라이슈 –

㋡

- 지지난달
先先月 _

せんせんげつ

센셍게쯔

- 지난달
先月 _ せんげつ

  셍게쯔

- 이번달
今月 _ こんげつ

  콩게쯔

- 다음달
来月 _ らいげつ

  라이게쯔

- 다다음달
  再来月_
  さらいげつ

  사라이게쯔

- 재작년
  一昨年_おととし

  오또또시

- 작년
  去年_きょねん

  쿄넹

  昨年_さくねん

  사꾸넹

- 금년
  今年_ことし

  코또시

- 내년
  来年_らいねん

  라이넹

- 내후년
  再来年_さらいねん

  사라이넹

- 매일
  毎日_まいにち

  마이니찌

- 매주
  毎週_ まいしゅう
  마이슈-

- 매월
  毎月_
  まいつき・まいげつ
  마이쯔끼 · 마이게쯔

- 매년
  毎年_
  まいとし・まいねん
  마이또시 · 마이넹

(순)(서)

- 첫번째
  1番目_ いちばんめ
  이찌밤메

- 두번째
  2番目_ にばんめ
  니밤메

- 세번째
  3番目_ さんばんめ
  삼밤메

- 네번째
  4番目_ よんばんめ
  욤밤메

- 다섯번째
  5番目_ ごばんめ
  고밤메

상황 일어회화 핸드북

별 책 부 록

지은이_조성범 · 강흥권

펴낸이_박해성

펴낸곳_정진출판사

136-152 서울시 성북구 석관2동 341-48호

TEL (02)969-8561 FAX (02)969-8592

E-mail jj1461@chollian.net

Homepage www.jeongjinpub.co.kr